POLITIQUE FRANÇAISE

ET

QUESTION ITALIENNE

PARIS

IMPRIMERIE DE L. TINTERLIN ET Cᵉ

RUE NEUVE-DES-BONS-ENFANTS, 5.

POLITIQUE FRANÇAISE

ET

QUESTION ITALIENNE

PAR

M. PIETRI

PARIS

E. DENTU, LIBRAIRE-ÉDITEUR

PALAIS-ROYAL, 13 ET 17, GALERIE D'ORLÉANS

—

1862

POLITIQUE FRANÇAISE

ET

QUESTION ITALIENNE

※

I

Les débats de l'adresse ont été vifs. Le vote qui les a suivis resserre l'alliance entre la France et l'Empereur. La France n'est ni sceptique, ni languissante : soucieuse, au contraire, de ses intérêts et de sa dignité, elle suit jour par jour la marche de son gouvernement.

Ces débats profiteront à tout le monde. Il en est sorti, non pas des lueurs orageuses, mais d'éclatantes vérités. Le Pouvoir, en appelant lui-même sur ses actes le jugement public, sentait bien que tous les vœux ne manqueraient pas de lui arriver, comme autant de suggestions utiles ou d'avertissements nécessaires. Ces discours, tantôt justes, tantôt excessifs, ne sont-ils pas, dans leur diversité, la voix collective du pays? Le pays et le gouvernement, s'éclairant l'un l'autre, restent en communion durable, et, grâce à la liberté, personne ne prendra plus le caprice de quelque coterie pour la volonté nationale.

L'Empire est fort et sent sa force. La discussion, au lieu de l'affaiblir, vient de retremper son énergie : la France le sait ; l'Europe ne l'ignore pas. Il n'y a que les gouvernements faibles qui mettent leur confiance, non pas dans le suffrage, mais dans le silence universel, — ou dans le mensonge parlementaire.

Par leur franchise, même quand elle s'égarait, les orateurs du Sénat et du Corps Législatif, ont rassuré plutôt qu'alarmé les esprits sérieux sur les affaires de l'intérieur. En ce qui touche celles de l'extérieur, notamment la question romaine, d'abord si compliquée, maintenant si simple, tous les scrupules sont levés : là où l'on croyait voir des difficultés religieuses à résoudre, il n'y avait qu'un différend politique à régler. Les hommes d'État n'ont pas laissé grand'chose à dire aux théologiens, aux casuistes eux-mêmes.

II

S. A. I. le Prince Napoléon, appuyant sa haute intelligence et sa vigoureuse logique sur les faits les plus certains et les plus frappants (1), prouve invinciblement que la

(1) Écrivains, Hommes d'État et Ambassadeurs de France à Rome cités par S. A. I. le Prince Napoléon :

M. le duc de Chaulnes (1669).
M. le marquis d'Aubeterre (1765).
Le cardinal de Bernis (1771-1790).
M. Ortoli (1810).
M. le duc de Cadore (1810).
L'empereur Napoléon Ier (1808, 1809, 1810).
M. le comte Jules de Polignac (1814).
Mgr Courtois de Pressigny, évêque d'Orthosie (1818).
M. de Blacas-d'Aulps (1819-1822).
M. de Portalis (1822).
M. de Laval-Montmorency (1823).
M. de Damas (1827).
M. de Châteaubriand (1829).
M. de Lamartine (1847).

Cour de Rome n'a jamais rien entendu, qu'elle n'entend rien, ne veut rien entendre; et, qu'en présence d'une ténacité qui met à la fois en péril les droits de l'Italie, les intérêts de la France et la paix de l'Europe, espérer est une illusion ; temporiser, une faiblesse.

Par cette netteté et cette élévation de vues ; par cette énergie d'expression qui La caractérise, Son Altesse Impériale a frappé le coup décisif, et rappelé les plus grands orateurs qui ont illustré la tribune française. On croyait entendre par moments une de ces improvisations si colorées et si agissantes de Napoléon Ier. Le sang impérial n'a pas menti.

. . . .

M. Bonjean, s'appuyant sur les plus vénérables autorités de l'Église, a prouvé d'une manière ingénieuse et savante que le pouvoir temporel du Saint-Père, n'ayant rien de commun avec le dogme catholique, ne diffère pas des autres pouvoirs ; qu'il a subi de tout temps des modifications ; que, d'un bout à l'autre de l'histoire des Souverains-Pontifes, l'influence spirituelle du Saint-Siége a diminué à mesure que son domaine temporel s'est accru, et s'est accrue à mesure qu'il a diminué, « *comme les plateaux d'une balance dont l'un ne peut s'élever sans que l'autre s'abaisse* ; » et que la Papauté, aujourd'hui privée d'une partie de ses provinces, compromet sa mission toute divine par un attachement purement terrestre, — d'ailleurs si dangereux pour la paix du monde.

S. E. M. Billault, ministre sans portefeuille, espère que le Saint-Siége, touché par nos longs services et par notre constante modération, finira par transiger ; parce qu'il s'agit, après tout, non pas d'un article de foi, mais d'un intérêt politique. L'éminent orateur du gouvernement défend, avec une très-grande autorité, la politique expectante, et avoue toutefois que nous n'occupons Rome que par une violation du droit des Romains, — violation momentanée, mais nécessaire. — M. Billault semble n'avoir jamais montré tant de talent et ne s'être élevé si haut que pour éviter de trancher la question. M. Billault, traitant l'année dernière le même sujet, avait un immense succès. L'illustre orateur aurait encore, à la prochaine session parlementaire, un beau triomphe oratoire. Mais les hommes politiques, qui interrogent la fibre nationale; mais le pays lui-même, qui sent tout ce qu'il y a d'anormal dans le *statu quo;* — que diraient-ils? Reconnaîtraient-ils, à ces hésitations, à ces expédients, le génie français et la sagesse impériale?

M. le vicomte de La Guéronnière, avec une modération, un talent et une élégance que tout le monde se plaît à lui reconnaître, affirme que le temps, la Providence et l'accord de tous les partis, résoudront la question romaine.

M. Jules Favre, bien loin d'être satisfait de cette politique « d'incertitude et d'équivoque, — équivoque mortelle pour tous les intérêts, » — soutient, en dialecticien serré et en grand orateur, que l'autorité temporelle du Saint-Siége et la liberté italienne, sont deux principes inconciliables, et que l'occupation française doit finir. Nous encourageons les princes prétendants et nous exaspérons les patriotes italiens. Pourquoi l'armée de Victor-Emmanuel, — roi reconnu par nous, notre ami et notre allié, — ne remplacerait-elle pas l'armée française à Rome, afin de maintenir l'ordre et de protéger la personne du

Saint-Père ? Puisque l'Italie veut constituer son unité, pourquoi donc ne pas appeler le peuple romain à se prononcer par le suffrage universel ?

M. Keller, se plaçant à un point de vue diamétralement opposé, fait, en homme habile, mais digne d'une meilleure cause, le procès à la société moderne, et va jusqu'à prétendre que la révolution d'Italie n'est qu'une idée funeste qui consisterait en même temps à démolir et à centraliser ; à supprimer les libertés individuelles et les franchises municipales, au profit d'une unité politique violente. On ne demanderait des réformes au Pape que pour en abuser contre lui, et pour le renverser.

Néanmoins, M. Keller, reconnaît avec tout le monde que le pouvoir temporel du Pape n'est pas un dogme.

M. Émile Ollivier a retourné éloquemment et victorieusement contre le pouvoir temporel et contre les gouvernements de l'ancien régime, les accusations portées par M. Keller contre la Révolution et ses légitimes conquêtes.

III

Cette question romaine ne doit donc plus jeter d'inquiétudes sérieuses dans les consciences catholiques. Depuis un an, nous avons marché bien lentement ; mais nous avons marché. Voyez plutôt :

Des prélats plaidaient chaque jour avec passion la cause temporelle du Saint-Père, dénonçant aux catholiques alarmés l'activité du Roi d'Italie et l'immobilité de l'Empereur des Français. Ces virulentes sorties, commentées dans les assemblées et dans la vie privée, ne tendaient à rien moins qu'à exciter les esprits contre le régime impérial. Quel a été le résultat de cette croisade?

Convaincus sans doute qu'ils avaient assez fait pour une cause perdue, les prélats ont fini par garder le silence, et les mécontents qui les suivaient se sont un peu calmés. Le vote presque unanime de l'Adresse nous a délivrés de ces emportements.

Pendant que ces nouveaux ligueurs jetaient bas les armes, l'opinion publique sentait que le mouvement italien n'était qu'une réaction contre l'étranger, réaction secondée par la France; et qu'après tout, la chute de quelques princes n'était qu'un juste châtiment de leur complicité avec l'Autriche. Quant au Saint-Père, il gardait encore, à l'ombre de notre drapeau, — et au très-grand péril de l'Italie renaissante, — quelques cités qu'il a perdues depuis.

Dans une récente allocution, le Saint-Père a reconnu lui-même que la puissance temporelle n'est pas un dogme; qu'elle est seulement, dans les circonstances présentes, une garantie d'indépendance pour Lui. Ainsi la question se trouve résolue par l'autorité suprême du Saint-Père. Donc, l'indépendance du Saint-Père garantie, son pouvoir temporel peut cesser sans qu'il y ait le moindre péril pour sa souveraineté spirituelle.

En effet, à qui obéissent les laïques pieux? à qui sont soumis les prêtres et les Évêques de toute la catholicité? Est-ce au petit souverain temporel, dont les États ont été successivement formés par les donations, des fidèles ou accrus par ces pontifes belliqueux qui entraient, le casque en tête et l'épée à la main, dans les villes forcées? Non. C'est au contraire aux pieds du prince spirituel, du successeur de saint Pierre, Évêque des Évêques, qu'ils viennent déposer leurs hommages. Certes, les catholiques ont pu être un moment émus par les épreuves du Saint-Siége ; mais ils savent bien à présent que la pierre angulaire de l'Église ne tombera pas ; que l'édifice terrestre, seul, est prêt à crouler.

« Le gouvernement temporel de la Papauté ne peut rester debout en face des événements actuels », dit l'abbé Döllinger, le savant auteur des *Origines du Christianisme,* le flambeau du clergé catholique de Bavière. Suivant l'opinion de ce célèbre docteur, — opinion qui ne saurait être suspecte, puisque le livre que nous citons ici est à la fois un hymne à la Papauté et un réquisitoire contre le protestantisme,— il est bien temps que l'Église aime les lumières, sans renoncer aux trésors divins de la foi ; cesse de traiter le péché comme un délit politique, et s'occupe un peu plus de diriger les consciences que d'administrer des loteries (1). Qu'il est triste de voir la mission spirituelle du Saint-Siége compromise par toutes sortes d'abus inhérents aux gouvernements d'ici-bas ! Le principe qui sépare le pouvoir temporel du pouvoir spirituel a, de tout temps, donné à la Papauté cette force surnaturelle de ravir les âmes à ceux qui ne dominaient que les corps.

A quoi bon multiplier ici les témoignages, pour prouver que, ni l'Italie catholique, ni la France catholique n'attentent à la suprématie spirituelle du Souverain-Pontife ?

____

(1) *Correspondant* : article de M. l'abbé Golscher.

IV

De quoi s'agit-il?

De savoir si la France peut tolérer que Rome reste un foyer de conspiration, et si, par le seul fait de la présence des Français, le peuple romain doit renoncer à l'exercice de sa propre souveraineté. Tout le monde est certain que le pouvoir temporel du Saint-Siége tombe de lui-même. L'immuable ténacité de ses conseillers rend impossible tout accord. Ils vont jusqu'à refuser de parler et de chercher avec nous un moyen de salut. Comment sauver un gouvernement qui exige tout sans rien céder, qui aime mieux sombrer que jeter un peu de lest aux flots?

Le gouvernement français doit-il rester dans le *statu quo?* S'il laisse ses troupes à Rome, n'excite-t-il pas toute sorte de récriminations?

«—Quoi!— disent les champions de la souveraineté temporelle, le Piémont a pu envahir les Marches et culbuter l'armée pontificale malgré le désaveu de l'empereur Napoléon III! Un mot, un geste de l'Empereur arrêtait tout. Que faisait donc l'armée française à Rome?»

« — Inutile, — disent de leur côté les défenseurs de l'unité italienne, — inutile de conserver Rome et sa banlieue au Pape dépouillé de ses plus belles provinces. Impossible d'ailleurs d'imposer aux Romains un gouvernement dont ils ne veulent plus. Ce gouvernement a-t-il fait quelque chose pour ses peuples? A-t-il suivi les conseils désintéressés de la France? Rien, rien : Ni amnistie, ni séculárisation des fonctions publiques, ni réforme des codes, ni réforme financière. Il a gardé toutes ses vieilles traditions, et il affecte encore, dans la vie politique, l'immuabilité d'un dogme ! »

Cette conduite n'a pourtant lassé ni la France, ni l'Empereur. L'Empereur, il est vrai, ne pouvait montrer trop de constance et de respect envers une puissance dont la grandeur religieuse a si souvent racheté les misères politiques. Le gouvernement français a tout fait pour protéger la Papauté temporelle ; mais il ne la préservera pas d'elle-même. L'Empereur ne peut laisser indéfiniment ses troupes à Rome, ni ramener les provinces italiennes sous un joug détesté. Peut-être avons-nous trop fait pour une cause perdue ; mais pouvait-on se laisser devancer dans les Romagnes par l'Autriche, ou permettre à quelques agitateurs de précipiter un de ces dénouements que les idées préparent et que le temps fait éclater? Le moment fatal arrivé, la France n'a pas follement entrepris d'écraser les populations soulevées, ni d'arrêter par l'intimidation le travail de l'unité italienne.

Toutes les déclamations, toutes les hypothèses du monde ne changeront pas la situation.

L'unité est, maintenant, une nécessité pour l'Italie et une garantie pour la France.

L'Autriche convoite sa proie, et sans l'unité, qui centuple la force, quel serait, de bonne foi, l'avenir de l'Italie?

On le sait bien, le coup qui frapperait au cœur notre alliée, atteindrait fatalement notre propre pays ! La prévoyance politique seule assure une paix durable, quand elle sait profiter des leçons de l'histoire. Certes, la France, qui a renoncé à sa politique de conquête, peut aujour-d'hui, sans blesser personne, rappeler, comme enseigne-ment d'une autre époque, ces paroles sévères, mais justes, de Napoléon Ier, en 1813 :

« La politique du cabinet autrichien ne change pas. Les « alliances, les mariages, peuvent suspendre sa marche, « mais ne la détournent jamais. L'Autriche ne renonce point « à ce qu'elle est forcée de céder. Tant qu'elle est la plus « faible, la paix dans laquelle elle se réfugie n'est qu'une « trève; en la signant, elle médite une guerre nouvelle. »

Par le maintien de ses troupes à Rome, le gouvernement impérial laisserait à penser que la question romaine, pour ainsi dire percée à jour de tous côtés, est encore l'outre aux tempêtes; que les princes déchus et les factions réfractaires, sont encouragés à entretenir le brigandage cosmopolite dans les Deux-Siciles et l'agitation partout; — en attendant l'heure de lever le masque et d'agir contre nous.

Vaines menaces! L'Italie est *faite*, reconnue par la France, l'Angleterre, la Belgique et le Portugal; honorée par le vote des représentants de la Prusse; protégée par le principe de non-intervention contre le mauvais vouloir de l'Espagne et les rancunes de l'Autriche.

La France a, quatorze ans, contenu d'une main amie les impatiences et les irritations; elle ne s'est pas engagée à peser éternellement sur la conscience du peuple romain. D'ailleurs, le départ de nos troupes ne favoriserait à Rome ni réactions absolutistes, ni débordements populaires. L'Autriche n'est pas encore prête à recommencer la lutte; quant aux patriotes italiens, même les plus exaltés, ils ont trop bien appris à leurs dépens le prix de la sagesse. Les émeutes et les conspirations n'ont pas beau jeu; mais un mouvement universel, excité par une juste cause, finit toujours par triompher.

V

On a soutenu que si nos troupes sortaient de Rome par une porte, les révolutionnaires y entreraient par l'autre : la personne du Pape et celles des cardinaux seraient exposées à la violence, et la démagogie tenterait sur Venise un de ces coups de main que la France ne doit pas appuyer.

Tout cela n'est point à craindre : la révolution, sitôt accomplie dans les idées, les Italiens ont compris que l'unité de la patrie ne pouvait sortir que de l'union des cœurs. L'Italie, qui n'a pas oublié le passé, ne s'aveugle pas sur le présent et ne veut pas jouer l'avenir : l'invasion étrangère fut toujours pour elle le châtiment de la discorde. Quels torrents de sang n'a-t-elle pas versés dans des rivalités de république contre république, de royaume contre royaume et de cité contre cité ! Elle frémit encore au souvenir des fureurs civiles qui décimaient ses plus humbles communes.

Voilà pourquoi l'étranger venait dévorer de temps en temps ses plus belles contrées ; voilà pourquoi elle rendait elle-même impossible cette unité préparée par le génie de ses grands hommes.

Les temps sont changés ; les esprits sont mûrs ; l'ordre sortira de l'expérience. Ce n'est pas en vain que l'Italie a vu deux Napoléon favoriser sa renaissance : Napoléon Ier avait accoutumé les populations rivales à la concorde, à l'observation d'une loi commune et au respect de magistrats nationaux. Le drapeau qu'il avait donné *(bandiera tricolore)* est encore le drapeau de l'unité, le signe de ralliement des patriotes italiens. Napoléon III, reprenant l'œuvre du premier chef de sa dynastie, a fait plus : il a délivré l'Italie sans lui imposer de suzeraineté, et l'a mise à l'abri de toute attaque de l'étranger par l'application du principe de non-intervention. L'unité italienne est donc, dans les temps modernes, une idée napoléonienne, qui s'est affirmée par des actions et non par des paroles (1).

VI.

Comment le rappel de nos troupes exposerait-il le Pape et le clergé ? Rome n'est pas un repaire de bandits. Nous savons au contraire que le génie de la race, l'influence des Beaux-Arts, la visite de tous les étrangers de distinction, ont élevé et discipliné les âmes, dans cette capitale éternelle de l'intelligence, de la grandeur et de la sainteté. Les éléments d'ordre s'y trouveront toujours assez puissants pour déconcerter au besoin quelques fauteurs de troubles. Toutes les précautions possibles seraient prises avant le départ de l'armée française, et l'armée du roi Victor-Emmanuel veillerait, au premier signal, sur le chef de l'Église, déjà protégé par les garanties stipulées d'un commun accord, et par l'inviolabilité de son propre caractère.

(1) On sait que les patriotes italiens avaient tellement la conviction que l'unité italienne était dans les idées et les desseins de l'Empereur Napoléon Ier, qu'ils n'hésitèrent pas à lui offrir la couronne en 1814, et à le presser de se mettre à leur tête, afin de chasser l'étranger de l'Italie et de la constituer en un seul royaume, avec Rome pour capitale.

Ici, objectera-t-on les excès de 1848 et la fuite du Saint-Père ?

Rome devenue la capitale du royaume d'Italie, de pareils faits n'ont plus de raison d'être ; les vœux de tous les Italiens se trouvent accomplis. Il faut que Rome soit le centre, la métropole de la grande unité italienne. Tout est là.

« Le choix d'une capitale, — a dit M. de Cavour, — est déterminé par de hautes raisons morales : c'est le sentiment des peuples qui en décide. Rome réunit toutes les conditions historiques, intellectuelles, morales, qui forment la capitale d'un grand État. Rome est la seule ville d'Italie qui n'ait presque point de souvenirs municipaux. Son histoire, depuis les Césars jusqu'à nos jours, est celle d'une cité dont l'importance s'étend indéfiniment au delà de son territoire ; d'une cité destinée à être la capitale d'un grand État (1). »

Ce qui fait de la situation présente un péril pour la Papauté temporelle, c'est qu'elle rend impossible l'unité italienne en confisquant à son seul profit les droits d'un peuple tout entier. Sitôt remis en possession de ses droits, dont l'usurpation l'exaspère, le peuple romain se calmera, — sachant bien d'avance que l'ivresse de la liberté le ramènerait à la servitude. Ne prouve-t-il pas à la fois son intelligence et sa modération en attendant depuis si longtemps son heure, surtout en comprenant si bien le rôle ferme et conciliant de l'armée française, depuis quatorze ans dans ses foyers ? Les peuples sont pourtant ainsi faits : ils supportent impatiemment l'intervention étrangère, même bienveillante ; ils ne demandent pas à leurs

____

(1) Discours de M. de Cavour au Parlement italien, 25 mars 1861.

2

tuteurs armés d'être patients et bons ; ils aiment mieux les voir partir : chacun tient à régler chez soi ses affaires de famille.

« Le plus grand malheur, — dit Joseph de Maistre, — c'est d'obéir à une puissance étrangère. Aucune humiliation, aucun tourment de cœur ne peut être comparé à celui-là. La nation sujette, à moins qu'elle ne soit protégée par quelque loi extraordinaire, ne croit point obéir au souverain, mais à la nation de ce souverain : or, nulle nation ne veut obéir à une autre, par la raison toute simple qu'aucune nation ne sait commander à une autre. Observez les peuples les plus sages et les mieux gouvernés chez eux : vous les verrez perdre absolument cette sagesse et ne plus ressembler à eux-mêmes, dès qu'il s'agira d'en gouverner d'autres. La rage de la domination étant innée dans l'homme, la rage de la faire sentir n'est peut être pas moins naturelle. L'étranger qui vient commander chez une nation sujette au nom d'une souveraineté lointaine, au lieu de s'informer des idées nationales pour s'y conformer, ne semble trop souvent les étudier que pour les contrarier : il se croit plus maître à mesure qu'il appuie plus rudement la main ; il prend la morgue pour la dignité, et semble croire cette dignité mieux attestée par l'indignation qu'il excite que par les bénédictions qu'il pourrait obtenir (1). »

L'ardeur et même la violence de la foi catholique n'a pas détruit, dans l'âme du fier gentilhomme qui écrivait ces lignes, les aspirations du patriotisme italien ; et, certes, ce n'est pas l'occupation française, qui a rendu tant de services à la cause italienne, que M. de Maistre eût ainsi condamnée ; c'est le brutal protectorat de l'Autriche qu'il

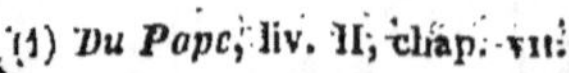

(1) *Du Pape*, liv. II, chap. vii.

a voulu flétrir. Malgré tout, le *statu quo*, au lieu d'empêcher l'agitation, finirait par la créer. En affectant de re-
douter les révoltes, on les fait souvent éclater : l'ignorance, le caprice, la fierté s'irritent de ces précautions
injurieuses, et les caractères comprimés font explosion.

Vous perdez de vue, nous dira-t-on, l'incorrigibilité des
démagogues. Voulez-vous donc leur livrer Rome ?

L'influence de quelques agitateurs ne vient que de la
déplorable opiniâtreté du Saint-Siége. L'unité italienne, —
une fois constituée, avec Rome pour capitale, — que peuvent
sectateurs et sectaires ? Ce qui leur conserve quelque po-
pularité, le voici : Ils réclament avec violence ce que l'Italie demande avec modération ; ils se trouvent provisoire-
ment d'accord avec elle. Enflammés d'une passion qu'ils
allument chez les autres, ils nous font, par moments, ap-
préhender quelque tentative scabreuse ; mais, le jour où la
patrie réalise ce qu'il pouvait y avoir de légitime dans
leurs aspirations, ils disparaissent dans le grand courant
national.

Au moment de la guerre d'Italie, les agitateurs ne man-
quaient pas d'influence ; on leur crut même un instant le
privilége exclusif d'exciter la fibre nationale. D'un bout à
l'autre de l'Italie, ils poussaient irrésistiblement à la grande
guerre contre l'Autriche. L'Empereur des Français et le
Roi de Piémont avaient à peine tiré l'épée que le rôle des
sectaires finit. De tous ces hommes d'intelligence et d'action, bon nombre sont devenus les soutiens officiels du Roi
d'Italie, au lieu d'exercer encore isolément une influence
déréglée.

Si, dans ces crises de rénovation nationale, quelques pa-

triotes exaltés peuvent inquiéter l'homme d'État par l'ou-
trance de leurs désirs et l'impétuosité de leurs élans, faut-il
pour cela méconnaître leurs services au point de ne voir en
eux que des troubles-fêtes et des épouvantails? Il vaut
mieux, au contraire, régler leur énergie et profiter de
leur dévouement; car ils sont, après tout, l'avant-garde de
la Justice, les vexillaires de la Liberté. D'ailleurs, quand
un souverain puissant et généreux marche lui-même à la
tête de son peuple, les ateliers de conspiration sont fermés;
les agitateurs incorrigibles prêchent dans le désert, et les
tentatives insensées viennent se briser et contre la force
du gouvernement et contre le bon sens du pays.

VII

Rome, affranchie et devenue la capitale du royaume
d'Italie, le Saint-Père y demeure plus que jamais le roi des
âmes, le souverain de cet empire spirituel à qui le ciel
promet une expansion sans bornes, une durée sans fin :
Instituer les évêques, diriger toutes les œuvres pies du
monde catholique ; recevoir l'hommage filial de deux cents
millions d'âmes ; donner cette parole de vie qui, de Rome,
se répand sur l'univers (1) : n'y a-t-il pas là de quoi satis-
faire l'ambition la plus vaste et la plus haute? Que sont les
prérogatives, même absolues, des pouvoirs terrestres, si
on les compare à cette investiture toute-puissante qui
vient de Dieu ?

Et n'oublions pas que, depuis une trentaine d'années,
cette immense autorité spirituelle s'est encore étendue,

(1) *Urbi et orbi.*

non pas en modifiant son caractère essentiel, — puisqu'il est d'une essence invariable, — mais en pliant, à certains égards, sa rigidité disciplinaire selon les besoins nouveaux de quelques États catholiques.

Le petit clergé, naguère opprimé par les Évêques, peut aujourd'hui demander à Rome le règlement de la Liturgie et le dernier mot de la Foi. C'est à Rome que toutes les forces sacerdotales se concentrent, et que les diverses Églises nationales se fondent dans la grande Unité catholique. Quelques Prélats ont paru voir d'abord avec déplaisir cette centralisation religieuse ; presque tous l'ont ensuite acceptée de bonne grâce, en s'écriant : « *La Féodalité de l'Église n'est plus* (1) ! »

Si le Pape n'est pas à la fois Prêtre et Roi, c'est-à-dire doublement fort et inviolable, quelques-unes de ses décisions ne sembleraient-elles pas lui avoir été imposées par les gouvernements politiques, qui n'ont désarmé le prince temporel que pour peser sur le Pontife (2) ?

Pour tout ce qui est question de dogme, il faudrait d'abord supposer le Saint-Père capable de l'altérer, de gré ou de force, et personne ne fait cette hypothèse. Quant aux points de discipline et de Liturgie, ce sont là des questions qui, au lieu de tenir au principe même de la Foi, relèvent plutôt de telle Église et de tel gouvernement particuliers :

Par exemple, l'Empereur des Français est-il tenu d'accorder ou de refuser l'existence légale à telle ou telle communauté religieuse ? Monseigneur l'Archevêque de Paris a-t-il même jugé à propos d'introduire dans son

---

(1) Monseigneur Sibour.

(2) Le prince de Broglie : *Lettre au Journal des Débats*, 6 avril 1862.

diocèse le rituel romain, pour plaire à la chancellerie pontificale ? Non. Que parlez-vous donc de pression politique exercée sur la Religion ? Ces craintes sont irrespectueuses autant que chimériques. De vrais croyants ne supposeraient jamais le Père commun des fidèles capable de céder à la violence et de livrer le sanctuaire, soit par intérêt, soit par intimidation. Les défenseurs de la Papauté semblent même avoir oublié tout ce qu'il y a de glorieux dans son histoire. Si la Papauté, dit Joseph de Maistre, s'est quelquefois trompée, l'erreur n'a-t-elle pas été suivie d'un prompt retour à la vérité ? Bossuet ne nous montre-t-il pas aussi la Papauté indéfectible, et réparant toujours ses fautes par le triomphe définitif de la Foi ?

Non, jamais la Papauté ne fut plus dépendante des pouvoirs temporels que lorsqu'elle était elle-même un de ces pouvoirs, du reste, le plus faible de tous. Au dernier siècle, la Papauté n'était pas dépouillée de ses États quand les Cours de France, d'Espagne et de Portugal lui demandèrent l'abolition de l'ordre des Jésuites. Clément XIV dut l'accorder. Ajoutons, pour dire toute la vérité, que le Pontife cédait plutôt à la raison qu'à l'intérêt ou à la force. Nous n'avons qu'à nous en rapporter à ce sujet aux documents historiques de la chancellerie romaine (1).

Est-ce le Prince spirituel, retranché dans l'inviolabilité de la Foi, que les gouvernements ont, de tout temps, voulu séduire ou contraindre? C'était le Prince temporel, seul, que l'on espérait se concilier ou effrayer, en augmentant ou en diminuant ses domaines. En liant le Prince, on liait le Pontife. Le pouvoir temporel est donc, pour la Papauté, non pas une garantie, mais une servitude.

(1) Docteur Theiner, bibliothécaire du Vatican ; *Clément XIV*, etc.

VIII

On parle vaguement d'un appel que le Pape pourrait faire à l'Espagne ou à l'Autriche, et d'une intervention combinée de ces deux Puissances :

Comment l'Espagne ou l'Autriche motiveraient-elles une pareille intervention? Voudraient-elles défendre la cause du pouvoir temporel? Ce serait là nier la souveraineté nationale du peuple romain, souveraineté que la France a reconnue et consacrée, — on le sait bien, — par le principe de non-intervention, et que nous devons tenir à faire respecter d'autant plus qu'elle est le principe fondamental de notre propre Constitution. L'Espagne et l'Autriche n'auraient pas, certes, la prétention de faire plus que nous n'avons fait, que nous ne faisons et que nous ne ferons encore pour l'indépendance, la dignité du pouvoir spirituel et pour la personne du Souverain-Pontife. Depuis quatorze ans, faut-il le répéter? nous montons la garde au Vatican, sans réclamer d'autre récompense pour nos bons offices qu'un peu de confiance et d'affection; et nous n'entendons prendre congé de Sa Sainteté qu'après avoir assuré de la manière la plus complète l'inviolabilité de sa personne et le libre exercice de son autorité spirituelle.

IX

Et si Sa Sainteté, s'imaginant que le départ de nos troupes la laisse sans défense, voulait quitter Rome? Nous aurions, dit-on, la douleur de voir le Père commun des fidèles errant par le monde. Irait-il donc agiter l'Europe et provoquer un schisme ?

Heureusement le Saint-Père sait mieux que personne que la Papauté ne peut vivre qu'à Rome. Quelle ne fut pas la douleur du monde catholique lorsque, transportée à Avignon (1), Elle y parut être la vassale des rois de France ! Quels regrets Rome, la ville prédestinée, ne donnait-elle pas à Grégoire XI, qui eut enfin la consolation d'y aller passer les deux dernières années de son Pontificat ! A sa mort, plusieurs Papes se disputent la tiare, désordre qui ne s'explique que par l'affaiblissement de la Papauté, pendant quelque temps déracinée de Rome. Il fallut un Concile universel (2) pour désigner le véritable Pape au respect de la Catholicité. Et quels tristes débats ! Pie IX ne voudrait jamais, par un départ mal inspiré, renouveler ces calamités. Les vrais catholiques savent bien qu'il ne peut quitter Rome.

Si, — Rome devenue libre, — il ne s'agissait plus que d'y laisser nos troupes pour un laps de temps absolument nécessaire à l'apaisement des esprits, à la réconciliation du Saint-Père avec son peuple ; la France, d'accord avec l'Italie, ne refuserait pas ce dernier sacrifice; car la France est avant tout la fille aînée de l'Église, et l'Empereur est le premier des monarques catholiques.

Quoi qu'il advienne, Sa Sainteté ne quittera pas Rome, Rome enrichie par la piété des nations qui refoulaient les Lombards ariens et les Grecs schismatiques ; délivraient le tombeau du Christ et versaient plus tard dans la main des légats le denier qui paya les splendeurs

(1) 1305-1378.
(2) Concile de Constance, 1415.

du siècle de Léon X ; Rome, pleine d'églises, de colléges, d'hôpitaux, d'établissements de toute sorte, — fondés par la munificence des princes et par le dévouement de ses fils spirituels. Sa Sainteté n'abandonnera pas ce dépôt sacré, confié à sa garde.

Bien que Rome soit encore la reine du monde, et par la puissance des souvenirs, et par je ne sais quelle austérité sympathique qui enchante des artistes tels que Poussin et Châteaubriand, la présence de la Papauté est toujours son plus touchant caractère. C'est dans son sein que viennent s'abriter tous les chrétiens endoloris, et qui « ne soupirent plus que du côté du ciel (1). » Pour avoir l'amertume de « monter l'escalier d'autrui (2), » le Saint-Père ne quittera pas la métropole ennoblie par l'héroïsme, illustrée par le génie, sanctifiée par la vertu ; enveloppée pour ainsi dire d'une atmosphère de poésie qui attendrit les âmes ; Rome, où saint Pierre a scellé de son sang la Tradition, où saint Paul a versé le sien pour la Doctrine ; où le Christianisme a dressé un autel à chaque place choisie par le paganisme pour immoler un Confesseur ! Sa Sainteté ne voudra pas fuir le tombeau des Apôtres et l'ossuaire des Martyrs.

X

Il faut donc le plus tôt possible sortir du *statu quo*. Sans doute les hommes d'État n'aiment pas à trancher les questions, même les plus pressantes ; ils ont toujours l'air

(1) Bossuet, *Prise d'habit de Mademoiselle de La Vallière*
(2) Dante.

de tomber dans une mesure extrême ou dans quelque impossibilité. Ce n'est pas certes par le rappel de notre armée qu'ils se feraient accuser aujourd'hui de précipitation ou d'imprudence. L'imprudence serait au contraire dans leurs ajournements ou plutôt dans leur immobilité. Il y aurait même de notre part quelque chose d'impolitique à maintenir une situation qui, sans contenter la Papauté, afflige l'Italie et compromet nos propres intérêts.

La France s'en inquiète, l'Europe s'en émeut. Plus d'impasses où les peuples et les gouvernements se trouvent arrêtés ! plus d'équivoques, plus d'hésitation : soyons clairs par la parole, décidés dans l'action ! Ne voyez-vous pas que cette question romaine sert de prétexte à quelques hommes avides de récriminations contre l'Empire et d'encouragement aux pouvoirs tombés sous la réprobation publique, et qui semblent garder un espoir insensé? Sous le masque de la Religion, la vieille rancune monarchique se dit à la fois le représentant du droit, le défenseur de la liberté et l'interprète de la Providence.

Les intérêts s'alarmeraient bientôt d'une situation si fausse. Les expédients et les promesses ne suffisent jamais à les tranquilliser. Mais les hommes sincères, les esprits même les plus susceptibles, n'oublient pas la conduite pleine de respect et de générosité que l'Empereur ne cesse de tenir envers la Religion et le Saint-Père. Ils reconnaîtront, s'ils ne l'avaient déjà reconnu, que de la chute même du pouvoir temporel sortira pour la Papauté une incontestable puissance morale. Les mécontents qui, s'ils l'eussent osé, n'auraient pas hésité à se faire une arme de la croix, retomberont dans l'impuissance qui leur est naturelle et dont ils nous ont déjà donné tant de preuves.

Il est donc de la plus haute importance que, par excès

de modération; l'Empire ne se laisse pas détourner de la voie que son premier pas a marqué d'une si forte et si noble empreinte. La modération ne mériterait plus la louange des hommes, si elle n'était que l'abandon du droit.

Tant que l'Empire, fidèle aux vœux de la France, marchera fermement dans la voie de la justice et de la liberté, il n'y aura ni partis, ni factions, ou plutôt il ne restera que le parti de tous : le parti impérial. Rappelez-vous l'héroïque constance du pays dans la guerre d'Orient, le retour triomphal de l'armée; l'indicible enthousiasme du peuple de Paris, accompagnant, comme un seul homme, l'Empereur partant pour la guerre d'Italie; et dites si une nation, qui sent si vivement le génie et le cœur du souverain qu'elle a choisi, pourra jamais s'émouvoir de quelques vains murmures ! L'Empire est assis par le suffrage universel sur le sol national, comme une pyramide ; et les opinions hostiles s'éparpilleront autour de lui comme des grains de sable.

Voici un de ces moments qui décident du sort d'un siècle, et qui impriment aux grands règnes un cachet d'immortalité.

M. de Cavour m'écrivait, quelque temps avant sa mort :

« Vous avez raison de dire que personne au monde ne « sent plus vivement que moi la nécessité de l'alliance « intime entre votre pays et le mien. Vous pouviez affirmer « aussi que nul ne reconnaît encore mieux que moi l'im- « mensité des services que l'Empereur Napoléon III a « rendus à l'Italie. »

Aux yeux de M. de Cavour, l'œuvre n'était pourtant pas

complète. Le grand Ministre me disait, en finissant sa
lettre :

« En donnant à la question romaine la solution légi-
« time qu'attendent Rome et l'Italie, l'Empereur peut
« faire plus pour nous que s'il nous délivrait tout à fait des
« Allemands. Il se rend par là immortel dans l'histoire et
« il acquiert à notre reconnaissance un titre impérissable. »

DISCOURS

PRONONCÉ AU SÉNAT

PAR M. PIÉTRI

SÉANCE DU 22 FÉVRIER 1862.

Présidence de S. Exc. M. le premier-président Troplong.

MESSIEURS LES SÉNATEURS,

Pour répondre loyalement à l'appel de l'Empereur et à l'attente de l'opinion publique, il ne suffit pas de s'en rapporter, en toutes choses, à la sagesse impériale; il faut avoir le respectueux courage de dire avec franchise la vérité sur la situation du pays et sur les événements du dehors qui intéressent son honneur et sa sécurité. C'est notre droit et notre devoir; c'est le seul rôle qui convienne à l'indépendance, à la dignité et au dévouement des hommes résolus en toute circonstance et sans réserve, à défendre l'Empire et la Dynastie napoléonienne.

Mais, avant d'entrer en matière, qu'il nous soit permis de dire un mot sur quelques-unes des observations faites hier à cette tribune. Nous sommes plein de respect pour toutes les convictions. Pourtant nous avons gémi d'entendre faire ici le procès à la presse libérale, parce qu'elle ne professe pas les opinions de plusieurs de nos collègues. On est allé plus loin : on a pris à parti un homme honorable, et l'on a fait un crime au Gouvernement d'avoir des sympathies pour le directeur d'un grand journal, oubliant que la politique de l'Empereur est une politique de progrès et de conciliation, et que c'est la bien mal comprendre que d'en faire un instrument de haine et de parti.

Je proteste pour mon compte, de toutes mes forces, contre ces tendances rétrogrades, tendances que nous aurions à combattre sur toutes les autres questions, si nous voulions répondre au discours que vous avez entendu hier.

Je préfère, pour ne pas abuser de la patience du Sénat, aborder sans retard la discussion des principes et l'examen des faits, si étrangement méconnus dans notre dernière séance.

Pour préciser l'état de l'esprit public en France, il suffit d'en avoir suivi le mouvement depuis la guerre d'Italie. Les diverses opinions, qui semblaient unies jusque-là par une sorte de compromis, se sont tout à coup divisées et classées selon leurs lois d'affinité :

D'un côté, les partisans du passé, qui, après avoir par leurs conseils préparé et accompli la ruine des gouvernements antérieurs, semblaient en vouloir combiner le rétablissement impossible ;

De l'autre côté, les hommes dévoués à la cause du progrès.

Les premiers, représentant deux monarchies fusionnées, alliés à la réaction ultramontaine, et attachés aux abus du régime parlementaire ;

Les seconds, patriotes de toutes les nuances, défenseurs des principes de la Révolution française, et soutiens de la démocratie personnifiée sur le trône par l'Empereur Napoléon III.

Sans doute, les hommes du passé ont contribué dans une certaine mesure à la fondation de l'Empire ; ils ne seraient pas fâchés de faire croire que la France, en acclamant Napoléon III, cédait à leur impulsion. Ils avaient même pensé que l'élu de la nation n'arrivait au pouvoir que pour partager leur politique et appliquer leurs préventions, tandis que, fidèle à son mandat et fier de son origine populaire, le gouvernement nouveau, tenant de tous son investiture, n'avait qu'un but : se dévouer à tous.

L'Empire d'ailleurs se serait fait sans eux, et, au besoin, contre eux; il est sorti vivant et armé des entrailles de la France !

Tant que l'Empire, pourvoyant sagement et par ordre aux plus pressants besoins de la situation, s'est attaché à rétablir la paix intérieure, à réconcilier les intérêts, à surveiller les dernières agitations du pays, à imposer silence à des discussions irritantes et stériles, à faire oublier des utopies par des bienfaits; les anciens partis, n'ayant aucun prétexte pour élever la voix, ont gardé un prudent et respectueux silence.

Mais, lorsque l'Empire crut nécessaire de faire respecter le droit des nationalités et de relever la France à la hauteur dont elle était descendue; lorsque la guerre de Crimée eut prouvé que désormais il ne sera permis à aucune puissance de trancher seule, à son profit, les grandes questions internationales; ces mêmes partis, habitués de longue date à la politique du *chacun chez soi et de la paix à tout prix*, changèrent d'attitude. Ils avaient vu avec déplaisir cette guerre, qui a si fortement retrempé l'énergie de la France; cette guerre que les esprits chagrins appellent un sacrifice inutile, — comme si le sang versé par un peuple pour sa grandeur et sa dignité n'était pas toujours une semence féconde !

La guerre de Crimée avait laissé aux vieux partis de secrètes rancunes; la guerre d'Italie leur fit jeter le masque. Cette guerre-là n'était pas non plus une guerre inutile : Magenta, Solférino et la paix qui a suivi ces victoires fameuses nous ont fait voir que l'Empereur, dont la force égale la modération, n'allait pas arracher l'Italie à l'Autriche au profit d'une ambition dynastique; qu'il n'avait pour but que de délivrer la Niobé des nations et d'éteindre, à deux pas de la France, un volcan révolutionnaire : — guerre d'utilité et de générosité à la fois, qui a fait du Piémont une puissance gardienne de nos frontières, et refoulé une puissance ennemie. L'Autriche vaincue, les gouvernements qu'elle couvrait de son patronage et qui avaient coutume de dire : « Nous avons sur la rive gauche du Pô une réserve de cent mille hommes, » tombent comme autant d'alluvions dans la grande unité italienne. Ce n'est pourtant pas l'Empereur qui a poussé l'un sur l'autre ces éboulements de pouvoirs : il a conseillé au Piémont la modération, et honoré par des paroles magnanimes tel prince qui a voulu succomber avec dignité; car il est de la grandeur de son caractère de tenir compte, même à ses ennemis, de leur fierté. Ses avertissements n'avaient pas manqué aux familles régnantes, tombées depuis sous la réprobation des peuples; et, si des extensions territoriales qu'il n'a pas conseillées ont été faites, qui peut voir autre chose en cela que l'irrésistible nécessité? Qui oserait prétendre que l'épée de l'Empereur devait se retourner contre les alliés de la France, pour couvrir les vaincus de Solferino? Le Saint-Siége lui-même, que Napoléon III protége depuis si longtemps contre la sourde irritation des peuples, avec un respect et une constance si obstinément méconnus, n'a fait, en perdant une partie de ses domaines, que subir, — comme l'ont subi eux-mêmes ses alliés absolutistes, — ce jugement de Dieu qui éclate dans les événements.

Les partis aveugles, qui reprochent aujourd'hui à l'Empereur d'avoir bouleversé l'Italie et toléré la spoliation partielle du Saint-Siége, ne veulent pas voir qu'il n'est pas de puissance humaine assez forte, fût-elle injuste et violente, pour empêcher un grand peuple de reprendre possession de lui-même, quand, après un long esclavage, il se sent enfin mûr pour la sagesse et pour la liberté.

SON ÉMINENCE MONSEIGNEUR LE CARDINAL DONNET : Je demande la parole.

M. PIETRI : En même temps que les anciens partis ont tenté de s'éloigner de l'Empire, les hommes nouveaux, ceux qui, à divers titres, avaient honoré et servi la liberté, ont oublié d'injustes préventions. Ils ont fini par reconnaître que l'Empereur, après avoir défendu la cause des peuples et compris dans une amnistie pleine et entière tous les délits politiques, n'était pas l'ennemi, mais le Chef armé et clément de la démocratie. Ils ont senti, avec la France entière, que la Dynastie napoléonienne, issue de la Révolution de 89 et élevée au trône par le suffrage populaire, est l'incarnation du génie de la France, et qu'elle restera jeune et forte tant qu'elle se retrempera aux sources vives de la démocratie et de la liberté. C'est à ces traits, c'est à ce baptême national que l'on reconnaît la légitimité de cette glorieuse Dynastie et l'auguste caractère de ses deux fondateurs.

Avec une pareille force, avec un tel prestige, la marche présente et la marche future du pouvoir impérial sont tout tracées : à l'extérieur, montrer modération, dignité et dévouement aux peuples ; à l'intérieur, donner aux citoyens « autant de liberté qu'ils ont déjà reçu d'égalité (1), » et, pour cela, s'assimiler toutes les idées libérales, toutes les aspirations légitimes ; organiser, discipliner toutes les forces de la nation. Cette haute et difficile entreprise s'accomplit tous les jours par degrés ; Napoléon III a donné à la France une Constitution essentiellement perfectible, et il a solennellement déclaré que la liberté serait le couronnement de l'édifice impérial. Marchant résolûment dans la voie qu'il s'est tracée, il ne se laisse arrêter que le temps strictement nécessaire pour vaincre les obstacles.

Si l'Empire n'a pas encore porté tous ses fruits ; si certaines améliorations ne sont encore qu'à l'état d'espérances ; à qui faut-il s'en prendre ?... A l'Empereur ?... Mais une de ses gloires est d'avoir toujours devancé par ses actes le vœu de l'opinion publique. A la Constitution de l'Empire ?... Mais n'avons-nous pas déjà dit qu'elle se prête à tous les progrès ? Le Message adressé aux corps politiques par le Chef de l'État, les débats de l'adresse ; la présence de ces ministres sans portefeuille, qui viennent défendre ici la politique du Gouvernement sans relever de nos votes ou des caprices d'une majorité ; le renoncement volontaire de l'Empereur à la faculté d'ouvrir des crédits extraordinaires en l'absence du Corps Législatif ; le vote détaillé du budget rendu aux députés : voilà déjà quelques-uns des amendements introduits dans la Constitution.

A qui reprocherons-nous donc l'ajournement de quelques-unes de nos espérances ? D'abord, à ceux qui tenteraient, par de coupables manœuvres, de nous ramener vers un passé désormais impossible ; à ceux qui défendent le Gouvernement impérial par les mêmes doctrines et les mêmes moyens dont ils se servaient pour défendre les gouvernements déchus ; ensuite, aux esprits

---

(1) Conseils de l'Empereur Napoléon Ier à son fils.

inquiets qui, ne voyant que le but à atteindre, manquent de patience et de réflexion.

Je dirai premièrement à ces apologistes des pouvoirs que la France a rejetés :

Trente ans de régime parlementaire nous ont donné plutôt l'apparence de la liberté que la liberté même. Qu'importaient en effet au pays ces bruyantes luttes qui, sous prétexte d'intérêt général, n'étaient qu'un jeu de personnalités ? Des députés élus par une poignée d'électeurs tourmentaient la royauté en oubliant le peuple !

Tantôt un membre influent de la majorité avoue que le maintien ou l'abolition de quelques droits prohibitifs sera la récompense du concours électoral des grands propriétaires ; tantôt un ministre protége à la tribune la contrefaçon étrangère, qui ruinait ces mêmes écrivains dont le Gouvernement impérial se prépare à consacrer les droits ; une autre fois, c'est le président de la Chambre des députés lui-même qui s'écrie : « Le gouvernement ne doit aux ouvriers ni travail ni protection ! »

Je dirai maintenant aux impatients de la démocratie :

Les gouvernements de monopole vous avaient annulés. Quand leur chute vous rendit la parole et le droit, vos aspirations si longtemps comprimées éclatèrent en imprudences. Croyant saisir la vérité, vous avez poursuivi l'illusion ; prêté l'oreille, soit à la flatterie, soit à la violence, et vous n'avez réussi qu'à effrayer les intérêts et qu'à retarder l'heure des progrès pacifiques et sûrs. Aujourd'hui que vous avez repris possession de vous-mêmes, et que la bienveillante sollicitude de l'Empereur tend à affranchir le travail de toutes les oppressions et le prolétariat de toutes les servitudes nées de la misère et de l'ignorance, prouvez par votre reconnaissance et votre dévouement que vos destinées, vos intérêts comme vos principes sont inséparables de ceux de la démocratie impériale, de l'Empire.

J'insisterai, Messieurs, sur l'attitude de certains partis monarchiques, qui retardent le développement du régime impérial :

L'Empire a dû appeler dans ses conseils et dans son administration toutes les notabilités du pays, tous les talents, tous les mérites, sans excepter les serviteurs des régimes passés. L'Élu du suffrage universel ne pouvait, ne devait repousser personne ; toute lumière était utile ; toute hostilité restait impuissante. Tous les ouvriers, même ceux de la onzième heure, sont venus, et on ne leur a demandé que la subordination de l'intérêt personnel à l'intérêt général de la France. Comment ces divers serviteurs des vieux gouvernements ont-ils répondu à tant de bonne volonté ?

Quelques-uns ont compris la raison d'être et les besoins du pouvoir nouveau : le peuple, ne se trouvant plus séparé du Gouvernement, mais étant devenu, au contraire, le principal intéressé dans sa politique, il ne s'agissait plus de comprimer les masses, mais de les diriger ; ils ont reconnu qu'il fallait, non pas vivre d'expédients et jeter aux désœuvrés les fleurs de la rhétorique parlementaire ; mais aborder résolument les grandes questions, aux yeux de tout le monde et au profit de tout le monde.

D'autres, dévoués à l'ordre, mais obstinés dans les théories et dans les habitudes du passé, ont servi l'Empire comme ils avaient servi les gouvernements exclusifs. Ceux-là s'appliquent à défendre la prééminence de quelques individualités. Ils ont fait des coteries et semé la zizanie, quand il fallait rallier les esprits et entraîner les cœurs. Leurs intentions étaient bonnes sans doute ; peut-être ont-ils cru bien mériter du pays en suscitant partout ces divisions, ces rivalités, regardées autrefois comme les stimulants de la vie politique. Ils ne se sont trompés que de date.

On tombe souvent dans cette erreur : on juge les faits actuels avec les idées d'autrefois ; et c'est à ce malentendu, à cet anachronisme, qu'il faut attribuer la plupart des doutes, des hésitations qui entravent la marche des événements.

Une troisième variété d'hommes des vieux partis ne semble entrer dans la vie publique que pour créer, — involontairement sans doute — des difficultés au Gouvernement impérial, et lui faire des ennemis en transformant toute mesure d'ordre public en acte de compression. Leur unique pensée est de montrer à tout le monde la démocratie comme un épouvantail.

Il n'en faudrait pas davantage pour diminuer à la longue le prestige populaire de l'Empire, pour lui enlever l'affection des peuples, en provoquant d'abord l'indifférence, ensuite l'hostilité. Mais l'Empereur a les yeux fixés sur son étoile, qui est celle de la France et de la Démocratie, et ce système insensé, qui voudrait arrêter le cours du temps et paralyser les plus beaux mouvements de la pensée souveraine, disparaîtra lorsque le gouvernement impérial, dans un but d'ailleurs très-louable de conciliation, cessera de s'adresser exclusivement aux hommes des anciens partis, et quand il fera une large part aux hommes résolus à défendre l'Empire et la démocratie contre les attaques du dedans et du dehors.

Après avoir franchement signalé les obstacles qui me paraissent par moments arrêter la marche de l'Empire, cherchons les moyens de les vaincre :

Les gouvernements tombent toujours quand l'honneur national chancelle et lorsqu'ils résistent eux-mêmes aux idées de la nation. Les gouvernements se soutiennent, au contraire, lorsque la nation, d'accord avec eux, attache à leur destinée son honneur et ses espérances. Docile aux leçons de l'histoire et fidèle à son origine, le gouvernement impérial doit briser sans retard les entraves mises à la liberté individuelle et à la liberté de la presse, sans négliger d'assurer la sincérité et la liberté des élections.

A son retour d'Italie, l'Empereur proclama l'amnistie. Jamais l'heure de la générosité ne fut mieux choisie : la vaillance de nos soldats et le génie de leur auguste Chef avaient enthousiasmé la France ; les cœurs réconciliés accueillirent chaleureusement une loi, non pas de grâce, mais d'oubli. Les lois de sûreté générale ne peuvent donc subsister sans inconséquence après l'amnistie qui a effacé le délit et la peine, la cause et ses effets.

Les lois d'exception ont bien souvent servi des passions et des rancunes, entretenu la défiance et provoqué l'irritation ; elles n'ont jamais sauvé les gouvernements qui les employaient comme dernier moyen de salut.

Les élections doivent être entièrement libres, à la seule condition que la dynastie impériale, légitime expression du suffrage universel, soit mise au préalable par les candidats au-dessus de toute discussion. Tout citoyen peut être appelé et élu par ses concitoyens; nulle pression ne doit être exercée sur les électeurs : cette pression finirait par diviser la France en factions rivales; par donner à l'électeur le dégoût de son droit; par séparer l'Empereur de la France, avec laquelle il est et doit toujours être en communion de sentiments. Cette sorte de charge d'âmes que quelques fonctionnaires se donnent au moment des élections, est un de ces excès de zèle qui semblent nous ramener vers le régime parlementaire.

Sous les gouvernements de caste et de parti, tels que la Restauration et la royauté de Juillet, la France était divisée en deux classes de citoyens : les représentés et les non-représentés : chacun sait que les non-représentés formaient dans le pays une immense majorité. Suivant un pareil système, les libertés parlementaires n'étaient qu'un monopole, toujours exercé au profit des Chambres qui étaient elles-mêmes le gouvernement. Le roi régnait et ne gouvernait pas. Aussi les partis se disputaient-ils la France comme une proie, d'abord dans les comices ; ensuite au parlement. Mais les temps sont changés. L'Empereur, qui règne et qui gouverne, ne saurait tolérer que des intermédiaires, quels qu'ils soient, déconcertent à tout propos la spontanéité populaire, et faussent ainsi l'institution du suffrage universel, l'opinion de la France. Responsable envers le pays et ne relevant que de sa propre conscience, l'Empereur entend que le pays soit libre et qu'aucune *muraille de la Chine* ne s'élève entre le peuple et lui.

En un mot, en matière d'élection, éclairez l'opinion publique; ne la violentez pas.

Le gouvernement impérial, désireux de faire loyalement les affaires du pays; prêt à accepter la vérité, de quelque côté qu'elle vienne; n'a nul besoin d'une Chambre disposée d'avance à souscrire aveuglément à tous ses désirs. A mon sens, une pareille Chambre serait beaucoup plus dangereuse qu'utile. L'histoire l'a tant de fois prouvé!

La presse doit être délivrée du régime des avertissements préventifs, et replacée dans les conditions du droit commun. Quelque modération que l'on ait pu apporter dans l'application des avertissements, ce régime-là n'est pas le moins du monde celui de la liberté ; il faut y mettre un terme. Cette tutelle imposée à la pensée décourage les écrivains, efface en eux jusqu'à la notion du droit : ils se taisent quand ils devraient parler, et parlent quand ils devraient se taire. Aussi le public, mal instruit, tombe-t-il dans l'indifférence ou se répand-il à huis-clos en récriminations.

Il faut donc délivrer la presse du système des avertissements ; ne pas la réduire, en la contraignant, à vous montrer des tendances hostiles, que, dans le plein exercice de son droit, elle n'eût jamais eues. Ainsi, son rôle peut devenir aussi utile qu'on a risqué de le rendre dangereux : c'est alors que l'opinion prendra plus d'intérêt à la chose publique, et que le pouvoir, incessamment instruit des vœux du pays, verra dans les écrivains de talent des auxiliaires et non des ennemis. Ceux qui, oubliant leur dignité, commettraient des abus, seraient toujours suffisamment frappés par les pénalités tirées du droit commun. (Mouvement.)

Après avoir examiné l'état de l'Empire à l'intérieur, voyons sa situation à l'extérieur :

« L'Empire, — a dit Napoléon III, — c'est la paix, » mais une paix qui assure au dehors la dignité nationale et protége les peuples rattachés à nous par le triple lien de la religion, de la race et de l'intelligence ; sans effrayer les souverains de l'Europe, sans hâter plus que la prudence ne l'exige le réveil, l'émancipation des peuples. Héritier et continuateur du premier Empire, plutôt que son imitateur ; s'écartant même au besoin de quelques-unes de ses données, pour mieux tenir compte des exigences variables de la civilisation, Napoléon III veut la paix ; mais une paix qui nous permette de témoigner nos sympathies aux peuples, et qui ne compromette pas, à la moindre éventualité, la dignité de notre caractère.

La paix d'un pays, c'est son indépendance, la garantie de ses droits, l'accomplissement progressif et régulier de ses destinées par le légitime développement de la vie nationale ; c'est l'honneur du citoyen, marchant sous l'étendard de la patrie et non sous le fouet de l'étranger ; du citoyen défendant le sol natal, et non mercenaire de la tyrannie ; protégé pendant sa vie par ses magistrats naturels, et, quand il meurt, laissant à ses enfants l'héritage de l'homme libre. Tels sont les caractères, et tel doit être le spectacle de la paix dans les nations civilisées.

La paix, ainsi comprise, ne permettait pas à l'Empereur de rester insensible aux douleurs de l'Italie. On sait avec quelle décision a été faite cette guerre glorieuse et les récriminations qu'elle a excitées. C'est à cause de cette guerre que, plus tard, certains prélats français se sont ligués avec les mécontents et les vaincus de tous les régimes. Quelques lettrés leur ont prêté les pointes de leur esprit ; des publicistes protestants se sont convertis — pour quelques jours — au catholicisme, afin de leur plaire. Que sais-je enfin ? En vérité, les princes de l'épiscopat, j'ai le regret de le dire, ont la mémoire du cœur plus courte que le petit clergé, qui, lui, sorti du peuple, vivant avec le peuple, est très attaché à la Dynastie napoléonienne.

S. ÉM. MGR. LE CARDINAL DONNET : — Je demande encore la parole sur ce point.

M. PIETRI. — Mais ces princes de l'Église ne tiennent-ils aucun compte à Napoléon III d'avoir doté l'Église de France plus magnifiquement que ses anciens rois ne la dotèrent ; accordé la liberté d'enseignement, si obstinément refusée pendant dix-huit ans de règne ; autorisé toutes ces maisons conventuelles ; toléré tous ces ordres prêcheurs et mendiants que les Bourbons de la branche aînée, eux-mêmes, ont jetés tant de fois sur les grands chemins ?

Pourquoi donc ces plaintes ? ces accusations ? Est-il donc vrai que tous les partis, même les partis religieux, soient insatiables, et qu'il faille, pour les contenter, humilier devant eux le génie de la France et blesser la majesté du Souverain ?

Cette pénible réflexion me conduit à la question romaine :

Cette question, ce n'est pas nous qui l'avons posée, ce n'est pas nous surtout qui l'avons compliquée. Loin de nous la pensée de confondre ici le Souverain-Pontife et le prince temporel !

L'Empereur, chef convaincu d'une nation catholique, n'a-t-il pas, en toute occasion, prouvé son respect et son dévouement au Père commun des fidèles? Sommes-nous responsables de la sourde irritation de ses peuples et du démembrement de ses domaines? Tout le monde sait que non, tout le monde dit que non. Si le gouvernement pontifical avouait franchement son histoire ; s'il daignait tenir le moindre compte des innombrables avertissements, ou plutôt des incessantes prières qui lui arrivent de toutes parts; nous n'aurions pas désespéré, comme nous l'avons fait, de voir se réconcilier la Papauté et l'Italie.

Qui pourrait consentir aujourd'hui, malgré le plus profond respect dû à la Religion, à voir dans les abus du pouvoir temporel une question de dogme? Cette question romaine, non-seulement est épuisée, mais encore elle a lassé l'opinion publique. Je me permettrai pourtant d'ajouter que, dans les circonstances les plus frappantes de son histoire, la Papauté a contrarié la formation de l'unité italienne en appelant à son secours les puissances étrangères dans un intérêt d'égoïste conservation. Ce reproche lui est adressé par un immortel publiciste, et, si ce témoignage d'un homme politique pouvait sembler douteux, écoutez ces paroles d'un homme illustre que la France a récemment perdu : «Rome — dit le Père Lacordaire — est un gouvernement d'ancien régime : on n'y trouve ni liberté de conscience, ni liberté civile, ni liberté politique. »

En résumé, la France impériale n'a pas le moindre tort à se reprocher envers le Saint-Siége. Elle a toujours, au contraire, prodigué pour sa défense, et ses trésors, et le sang de ses soldats. Que nous reste-t-il donc à faire en présence de cette obstination qui repousse tous les conseils en bravant tous les périls ?

Je crois qu'il vaut mieux voir intervenir dans cette question grosse d'orages les hommes d'État de l'Italie et de la France que les masses. Le *statu quo* ne peut se prolonger : Rome est à présent le rendez-vous, le foyer de conspiration de tous les princes rejetés par les peuples; Rome est le quartier général des meneurs qui fomentent la guerre civile du royaume de Naples.

Cet état de la question romaine agite au plus haut point les consciences, aggrave une situation déjà menaçante et elle préparerait des désastres. Voilà plus de dix ans que nous avons une armée à Rome, que nous nous épuisons en efforts de conciliation; et, qui pis est, notre dévouement même semble méconnu. Le gouvernement du Saint-Siége ne cesse d'invoquer contre nous les scrupules de conscience des nations catholiques.

Les nations catholiques! Mais l'Autriche et l'Espagne applaudissent seules à cette sourde et violente obstination du pouvoir pontifical, et refusent de reconnaître le royaume d'Italie universellement reconnu. Est-ce que l'Autriche ne serait pas encore consolée de la perte de la Lombardie? Est-ce que l'Espagne chercherait à nous attribuer la chute des Bourbons qui régnaient à Parme et à Naples? De même que les gouvernements italiens déchus ont rejeté nos conseils qui les auraient sauvés, le Saint-Siége, sourd aux vœux de ses peuples comme à nos prières, devait perdre inévitablement la meilleure partie de ses domaines, et mettre en péril quelque chose de beaucoup plus précieux que ne le sont les intérêts terrestres : les intérêts spirituels, la Religion.

Et nous aussi, nous sommes catholiques...

(Sourires sur plusieurs bancs.)

M. LE BARON DE HEECKEREN : — A votre façon.

M. PIETRI : — A ma façon, sans doute. Je ne suis pas capucin, voilà toute la différence; mais je suis bon catholique. J'ai vu bien des choses dans ma vie publique sur lesquelles j'ai médité (On rit), et j'ai vu beaucoup de gens qui parlent de catholicisme, et qui ne sont que des Voltairiens déguisés; qui prennent un masque pour faire la guerre au pouvoir.

(Réclamations nombreuses.)

M. LE BARON DE HEECKEREN : — Racontez-nous donc tout cela.

M. LE PRÉSIDENT : — Je ne puis pas laisser continuer les interruptions sur ce ton; cela est contraire à la dignité du Sénat.

Quand vous avez dit que vous étiez catholique, Monsieur Pietri, on vous a interrompu à tort, et d'une manière inconvenante; et vous, vous avez répondu en dépassant les bornes.

L'incident doit se terminer ici.

M. PIETRI : — J'ai mis un peu de vivacité dans mes réponses; mais je ne crois pas avoir excédé mon droit.

S. ÉM. LE CARDINAL DONNET : Vous avez oublié qu'il y a dans

l'assemblée cinq des prélats dont vous parliez tout à l'heure. Il me semble que vous pouviez vous abstenir de nous mettre en cause.

M. PIETRI : Monseigneur, ma pensée n'allait à aucun des membres de l'épiscopat; je les respecte, je les vénère. Je puis avoir des opinions politiques différentes des leurs; quant à mes opinions religieuses, elles sont d'un catholique sincère. (Interruptions : A la question ! à la question !)

S. ÉM. LE CARDINAL GOUSSET : Les mots d'épiscopat français sont sortis plusieurs fois de votre bouche.

PLUSIEURS SÉNATEURS : Continuez! continuez!

M. PIETRI : Je le répète donc : Et nous aussi nous sommes catholiques; mais nous ne reconnaissons pas plus aux ultramontains le monopole de la foi que nous ne laissons aux hommes politiques du passé le monopole du droit et de la sagesse. Espérons néanmoins que certains prélats, qui se sont fait remarquer par l'ardeur de leur esprit, reviendront à des sentiments plus justes et plus calmes; peut-être reconnaîtront-ils enfin que la religion n'aurait qu'à profiter d'une solution prompte de la question romaine. Cette question ne pouvant être tranchée par l'épée doit être vidée par la raison.

La dernière réponse faite par la Cour de Rome aux suppliques de la diplomatie vient de prouver une fois encore que le gouvernement pontifical est plus que jamais résolu à considérer comme des crimes de lèse-infaillibilité nos propositions respectueuses et pacifiques. Elle multiplie comme à plaisir les subtilités théologiques, tout en niant la force des choses; elle refuse plus que jamais d'entrer dans les faits; elle discute, dans les hauteurs du ciel, les plus simples questions terrestres; impossible à nous de la suivre si haut! Mais nous serions tenté de dire qu'elle paraît sensiblement préférer la récupération de quelques domaines temporels à l'extension du pouvoir spirituel lui-même.

Il faut, malgré tout, sauver Rome, qui veut se perdre ! qu'une nouvelle proposition soit faite au gouvernement pontifical : si le gouvernement pontifical la repousse, que la France et l'Italie prennent une résolution conforme aux nécessités impérieuses de la situation; et — sans compromettre les intérêts sacrés de la Religion, — que le Gouvernement français juge de l'opportunité du retrait de ses troupes de Rome, stipule les garanties les plus rassurantes et les plus complètes en faveur de l'indépendance personnelle du Saint-Père et de l'autonomie de son pouvoir spirituel.

Sa Sainteté vient de convoquer un Concile œcuménique...

S. ÉM. LE CARDINAL GOUSSET : Ce n'est pas exact! Non, ce n'est pas exact! Une lettre a été adressée aux évêques, non pas pour leur dire de venir à Rome ; mais pour les informer qu'une grande cérémonie religieuse doit avoir lieu prochainement, et que ceux qui voudraient y venir y viendront.

M. PIETRI : Si j'ai commis une erreur, on me répondra ; laissez-moi achever.

M. LE PRÉSIDENT : L'explication a été tout récemment donnée, au *Moniteur*, en conformité de ce que vient de dire Mgr Gousset.

S. ÉM. LE CARDINAL GOUSSET : Le mot *Concile* n'est pas exact.

M. PIETRI : Je ne parle pas de l'épiscopat français. Je sais que vous n'êtes pas libres d'aller à Rome si le gouvernement s'y oppose.

S. ÉM. LE CARDINAL DONNET : Aucun ordre n'est venu de Rome dans ce sens.

M. LE PRÉSIDENT : Monseigneur, laissez continuer ; vous aurez la parole sur le paragraphe spécial à cette question.

M. PIETRI : Ce que je sais, c'est qu'une lettre-circulaire a été adressée à tous les prélats de la catholicité pour les appeler à Rome à une cérémonie relative à de la canonisation des martyrs du Japon.

S. ÉM. LE CARDINAL GOUSSET : Voilà le fait qui est vrai ; c'est pour cette cérémonie et non pour un Concile.

M. PIETRI : Je me trompais... Je ne suis pas un théologien ; mais le mot ne change pas ma pensée.

Je disais donc : Sa Sainteté vient de convoquer une réunion d'évêques pour la canonisation des martyrs du Japon. N'est-il pas à craindre de voir sortir de cette vénérable assemblée des décisions de nature à compliquer encore, s'il est possible, une situation qui déjà paraît inextricable ? Et ne voyez-vous pas un autre danger dans cette nouvelle attitude du gouvernement romain ? Ce danger le voici : si les populations exaspérées de l'Italie en venaient à confondre, dans une même animosité, le pouvoir du pontife et le pouvoir du prince ; à ne reconnaître autre chose qu'un mauvais vouloir incurable dans les fins de non-recevoir de la Cour romaine, où serait le remède?

Vous savez que les hommes les plus intelligents et les plus populaires de l'Italie (je ne parle pas des sectaires), ne croient possible l'affranchissement de leur patrie que le jour où le pouvoir temporel du Saint-Siége ne sera plus. Et le peuple, poussé à bout, saura-t-il distinguer le temporel du spirituel, — le jour où malheureusement il se jetterait tête baissée dans une révolution ou dans un schisme? La France doit tout faire pour le prévenir ; mais ce jour-là (qu'il n'arrive jamais!), le peuple, si prompt aux égarements quand il est livré à lui-même, emporterait peut-être comme un torrent le grain et le sillon !

Réfléchissez à ces suprêmes dangers ; n'oubliez pas que la solution pacifique de la question romaine donnerait à la France ces deux avantages : la tranquillité assurée en Europe et la possibilité pour le Gouvernement impérial de réduire notre armée de cent mille hommes, — mesure qui dégreverait de cent millions le budget du pays.

Notre langage paraîtra peut-être hardi à certains hommes, qui croient seuls personnifier la sagesse politique. Je leur répondrai qu'en aucun pays, dans le nôtre surtout, cette sagesse n'a jamais consisté à nier les besoins de la France, à comprimer ses aspirations. A quoi serviraient le temps, l'expérience, le travail de la pensée humaine, si ce n'est à épurer la raison, à élargir le chemin du progrès et de la justice, à faire disparaître les vestiges de la barbarie? Le monde doit-il rester immobile, dans la violence et le mépris du droit des peuples?

Discernement et résolution ; respect et dévouement à la Religion, à la justice, à la liberté : telle est la politique que je prétends défendre. C'est en la suivant avec un sens droit et en la soutenant d'une main ferme et modérée que l'on conjurera les tempêtes ! (Agitation.)

M. LE COMTE DE GROSSOLLES-FLAMARENS : Je demande la parole. L'honorable M. Pietri a dit qu'il connaissait des catholiques qui spéculent sur la Religion. Je lui demande l'explication de ces paroles.

M. Pietri : Si jamais je fais la biographie de ces hommes-là, votre curiosité sera satisfaite. Je n'ai entendu d'ailleurs faire de personnalité sur aucun de mes collègues. (Bruit confus.)

M. le Président : Il n'y a rien de personnel pour les membres du Sénat ; M. Pietri vient de le déclarer, et il l'avait déjà déclaré une première fois.

M. le baron de Heeckeren : Je ne comprends pas qu'un ancien Préfet de police puisse menacer une Chambre comme celle-ci de ses notes secrètes.

M. Pietri : Je demande à répondre, à donner une explication : je n'ai jamais, je le répète, entendu faire de personnalité, dans cette enceinte ; mais ma pensée s'applique aux hommes qui ont des reproches à se faire ; il n'y en a pas ici, je le pense ; par conséquent je ne comprends pas l'observation de M. Heeckeren. Il sait lui-même mieux que moi son histoire, il peut la dire, s'il le veut... (Réclamations). Je n'entends ni le juger ni le condamner.

Plusieurs voix : Assez ! assez ! pas de personnalités. (Rumeurs prolongées.)

SÉANCE DU SAMEDI 22 FÉVRIER 1862.

PRÉSIDENCE DE S. EXC. M. LE PREMIER-PRÉSIDENT TROPLONG.

Incident sur le procès-verbal : MM. le baron de Heeckeren, Pietri et le marquis
de La Rochejaquelein.

La séance est ouverte.
(S. A. I. le prince Napoléon assiste à la séance.)

M. LE GÉNÉRAL MARQUIS DE CRAMAYEL, l'un des secrétaires élus, donne lecture
du procès-verbal de la dernière séance.

M. LE PRÉSIDENT : Y a-t-il des observations sur le procès-
verbal ?

M. LE BARON DE HEECKEREN : Je demande la parole.

M. LE MARQUIS DE LA ROCHEJAQUELEIN : Je demande la parole.

M. LE PRÉSIDENT : La parole est à M. de Heeckeren.

M. LE BARON DE HEECKEREN : Messieurs, à la séance d'hier,
je n'avais pas entendu la dernière phrase du discours de M. Pietri. Je la trouve aujourd'hui au *Moniteur*, et il me permettra de
lui demander des explications sur le sens qu'elle présente et que
je n'ai pas bien compris. En répondant à une interpellation que
je lui adressais, M. Pietri ajoute : « Il (M. Heeckeren) sait lui-
même mieux que moi son histoire ; il peut la dire, s'il le veut. »
Il est évident, et j'en suis persuadé d'avance, que la parole a
trahi la pensée de M. Pietri : ou il a dit trop, ou il n'a pas dit assez ; et je lui serais excessivement reconnaissant s'il voulait com-
pléter sa pensée. (Très-bien.)

M. PIETRI : Je n'ai qu'une observation à faire. J'étais inter-
pellé à propos de ce que je disais des Voltairiens, qui s'occupent
de Religion aujourd'hui, et qui, dans d'autres temps, semblaient
un peu la bafouer. Lorsque j'ai rempli des fonctions publiques,
non-seulement comme Préfet de police, mais comme Représen-

tant du peuple ou comme Commissaire du gouvernement, j'avais autre chose à faire qu'à me mêler de ces misères. Tout le monde connaît l'histoire de ces Voltairiens. Je m'étais servi même d'un autre mot qui ne se trouve pas dans le *Moniteur* et qu'il est inutile de rappeler. Du reste, je n'ai fait allusion à personne, et je n'entends faire l'histoire de personne; je ne suis pas historien; je ne suis qu'un loyal et dévoué serviteur de l'Empereur et de l'Empire, et je défends l'un et l'autre selon mes forces. Je n'aime pas les personnalités; mais quand on vient interrompre un homme qui vient dire simplement ce qu'il croit être la vérité, il n'y a rien d'étonnant qu'on l'excite ainsi à répondre avec quelque vivacité, et à sortir, par exception, de son caractère.

(Marques nombreuses d'approbation.)

FIN